DA KÖNNTEN WIR GEBURTSTAG HABEN ZUM BEISPIEL.

Mosaik

Janoschs
TAUSEND BILDER LEXIKON

Mosaik Verlag

Der Mosaik Verlag ist ein Unternehmen
der Verlagsgruppe Bertelsmann

 5 4 3 2 1
Reproduktion: Artilitho, Trento
Druck und Bindung:
Mohndruck Graphische Betriebe GmbH, Gütersloh
Printed in Germany · ISBN 3 - 576 - 11029-1

A

Acht allein

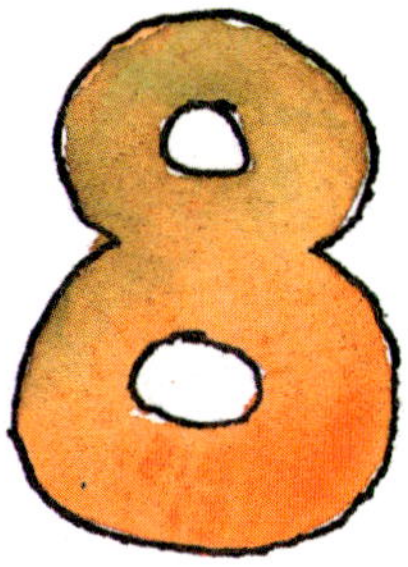

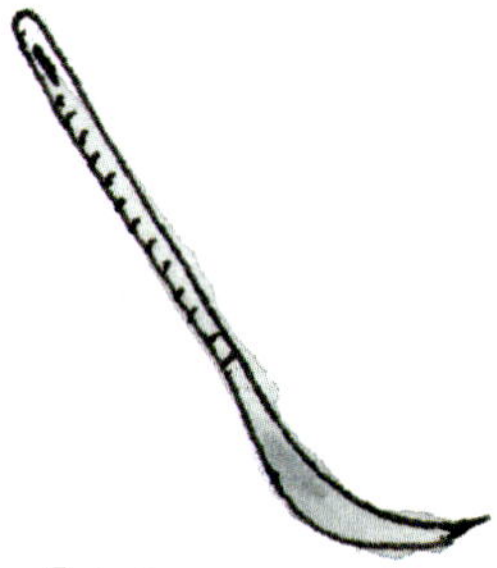

Ahle

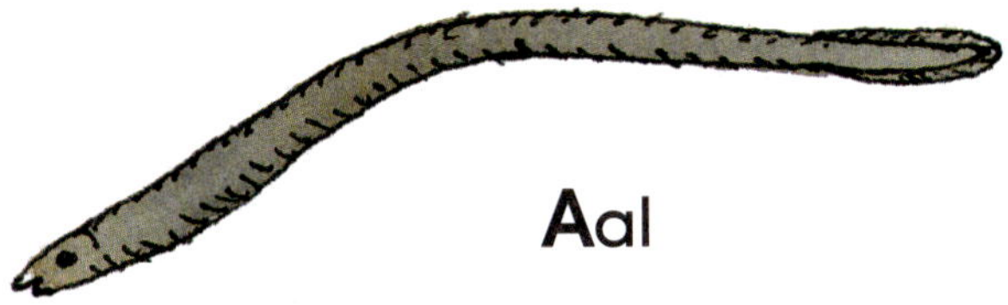

Aal

Armer alter Affe
erbittet ein Almosen.

Amerika

Andreas mit Auto an der Ampel

A

Angelhaken

Angelbär mit **A**ngel

Ameise, **a**ber vergrößert

Armbanduhr

Ananas im **A**ngebot

A

Aquarium

Astronaut im All

alter Anorak

Augenfisch

Auge

A

Abschleppwagen mit
altem **A**uto

Asphaltauto

Affenzahnauto

altes Auto

neues Auto

Antons Auto

B

Der **B**är, der **B**är, wo kommt er her?

Besen

Baum

Badewanne

B

Bagger

Bild

Bettina im Bett

Board unterm Bett

Bettvorleger

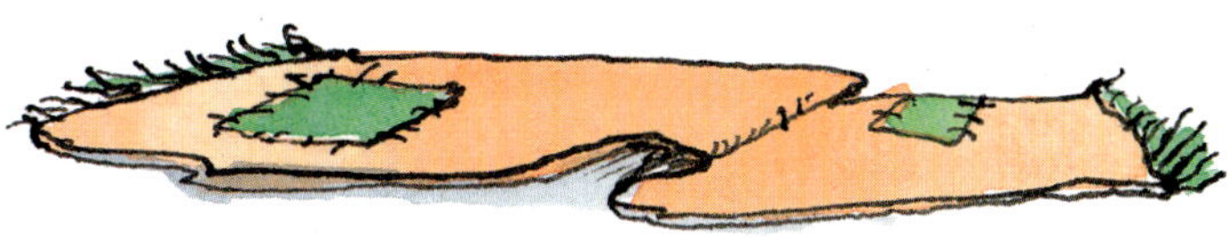

Bleistift

B

Birne eins

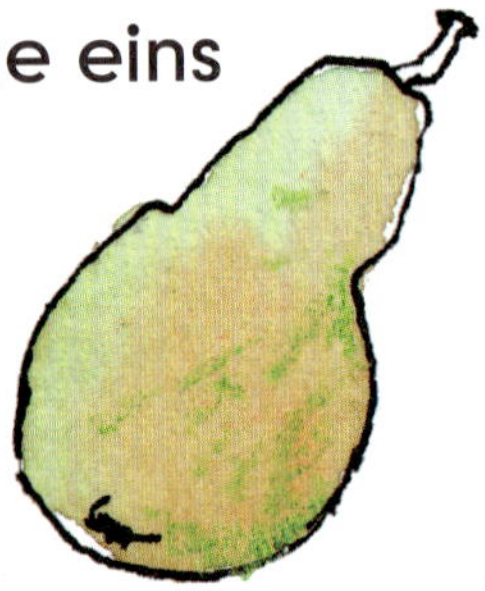

Birne zwei

Bodo und Bruno

auf einem Bild

blauer Buntstift

Beulenauto

Boot

Bobbo **b**egrüßt
Briefträger.

Bananaboot

Brief
aus **B**erlin

Briefkasten

B

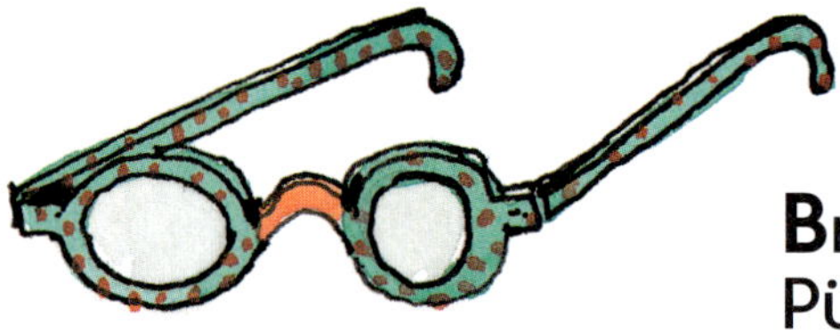

Brille mit
Pünktchen

blaues **B**uch

Blau allein

Barbaras
buntes **B**allkleid

Banane mit Hut

Banane ohne Hut

Clown mit Cello

Cowboy mit Colt

Comic

C

Computer

Carlo
Carnevale

Cornflakes

Clodwig, Cäsar,
Claudia, Cornelius,
Casimir

D

Düsenflugzeug

Dame im Gegenwind

Dampfer

Dampfwalze

Deckel

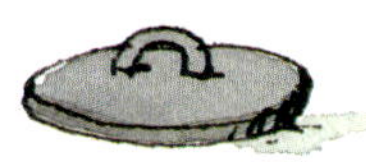

D

Delphin

Dose

Direktor
Doktor
Dirks

Damenschuh

Dino

Dieter Dödel

du dunkler Dom

Dromedar

Dreieck

D

Doppeldecker

Drachen

Dusche

Dreier-Drink

Denkmal

E

Ei

Eierbecher

Eierschalen

Eisenbahn

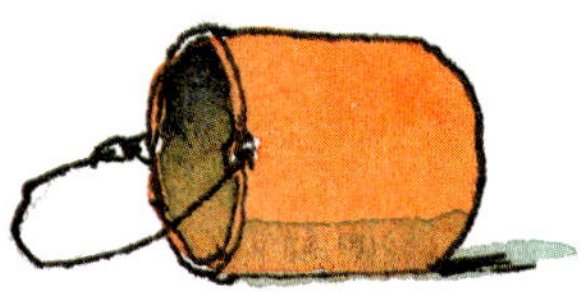

Eimer

Ehrenfried mit Eis am Stiel

E

Elefant **e**rledigt **E**imer.

Engelchen

einzelne **E**rbse

Erbsensuppe
im Topf

Ente

Eselin

F

Fahne

fröhliches
Fahrrad mit
Frühlingsblume

Fallschirmspringer

Faß

Fliegendreck
hundertfach
vergrößert

F

Ferkel

Feder

Frau Frieda
Flohmann fläzt
im Fenster.

Fernglas

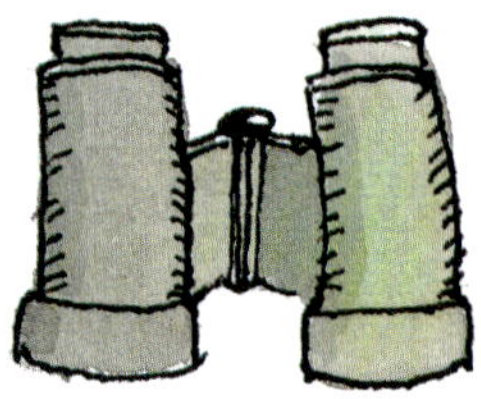

freundlicher Fisch

F

Flötenhund

Farbfernseher

Fritz
mit Fernbedienung

Flieg, Vogel, flieg in
die Freiheit!

F

Fragezeichen

fröhlicher Floh

Frau Fröbel ist voller Flöhe.

Franz mit seinem
verdammten Hut

Fiedelhase furzt
drei Fiedlerfurze.

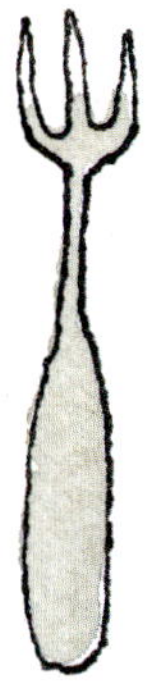

Gib **G**abi die **G**abel,
du **G**impel!

Gangsterlimousine

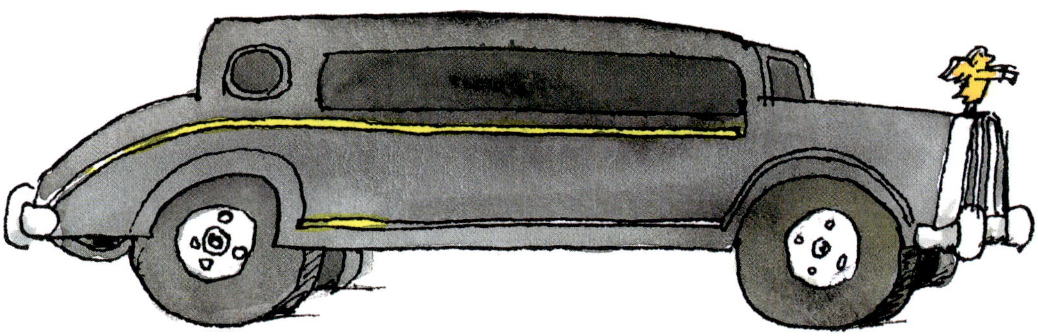

Gangsterbraut
Gundilla
Grimmlich

Gans

große Tüte **G**rünfutter

G

Glas

General

Geige

Geländewagen

goldene
Nase

große Gurke

grüne
Gießkanne

G

Giraffe

Globus

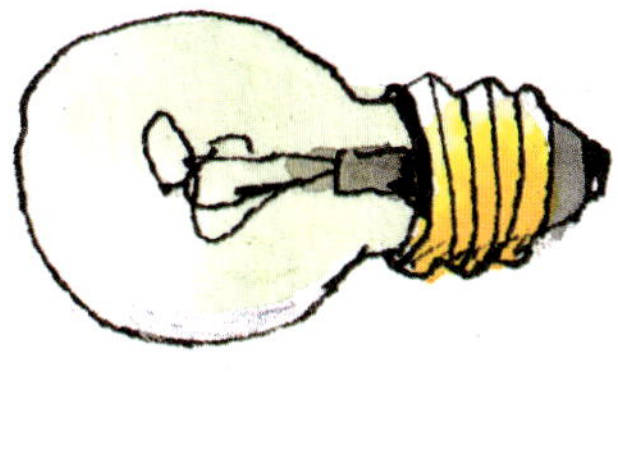

Geburtstagsgruß
an Großmutter

Glühbirne

G

grüner Frosch im Gummiboot

kleines Gelb

großes Gelb

Großmutters
goldene Hochzeit

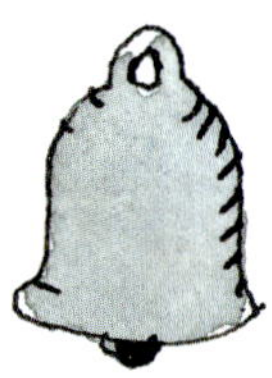

Goldfisch

Glocke

H

Hämmerchen

Hammer

Hahn

Hahn

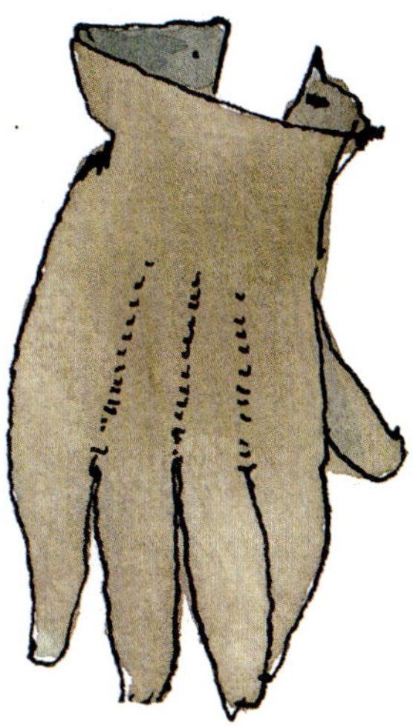

Handschuh

Huhn

H

Hildchens Handtuch hängt am Haken.

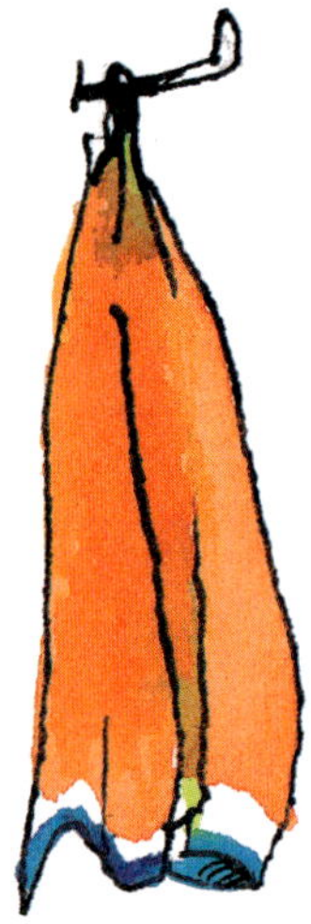

Hampel, lieber Hampelmann.

heißer Hamburger

Handy

Haifisch

H

Handfeger auf Häkelkissen

Haltestelle

Hase Hans
hält Hannis
Blümchen.

Herz

Haus

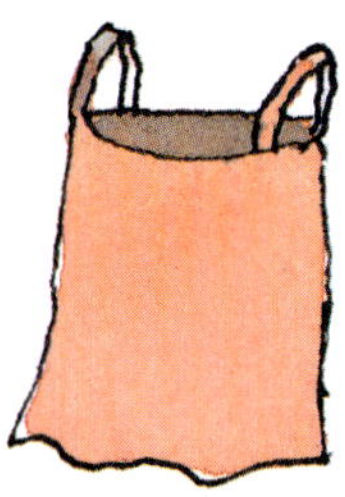

Hemd

Hose

halbtoter Hering

H

Hot Dog

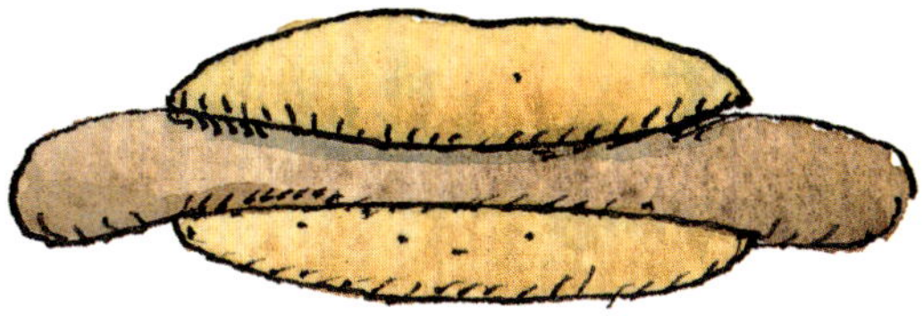

hungriger **H**und
mit **H**alsband und
Hot Dog

Hubschrauber

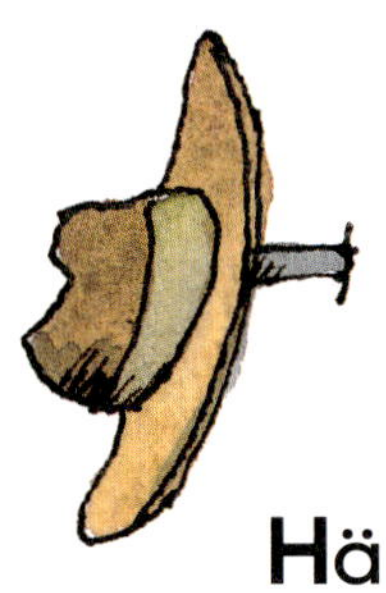

Hängt **h**ier nicht ein
Hut am **H**aken?

Igel

Insel im Indischen Ozean

Ich mit Ilse

Iwan mit Ingeborg

Indianer mit Kriegsgeschrei

Isolde mit den langen Haaren

J

Jedes Jahr ist
Januar.

neue Jacke

alter Janosch

Jaguar auf Jagd

J

Jaguar

Jeep

Junge im Tor

Joghurt

Juwel

K

Käthe kommt im Kahn.

kleiner Käfer

Kaktus

Kamel

Kartoffel mit Schale

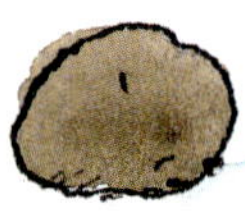

Kartoffel ohne Schale

Komm zurück, kleiner Fink, in den Käfig!

K

Käsebrett mit Käseglocke

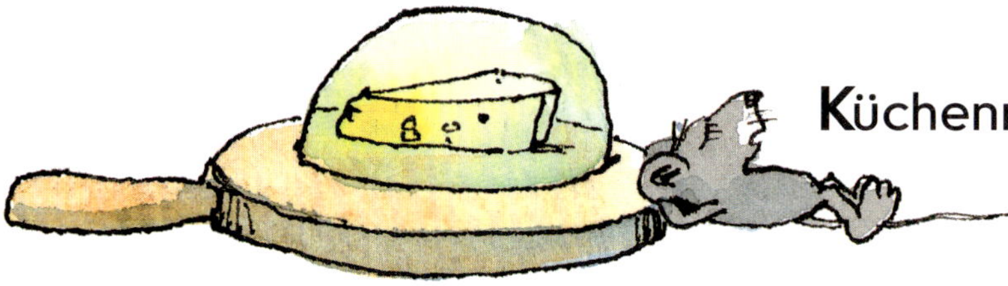

Küchenmaus

kleine Kuchengabel

Katze mit armer Kirchenmaus

Kirschen

Karotte auf Katharinas Kissen

Kater Mikesch kennt keine Gnade.

K

Kipplaster

Komponist

König mit Krone kriegt Karlchens Koffer

K

Kirche

Knoblauch

Keks

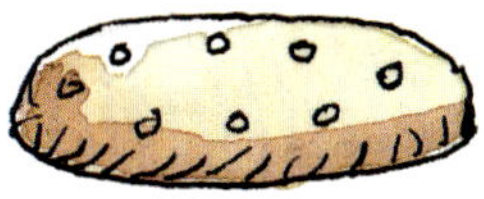

Krokodil mit Kissen

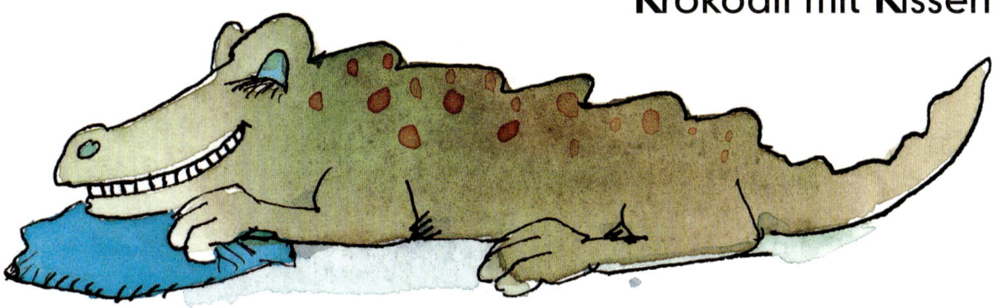

Kragenschleife

Krawattenbär

K

Kunstmaler

Klecksserei

Kran

Kleiderhaken

Kleid

Kugel

Kuh

Kümmel

Krug

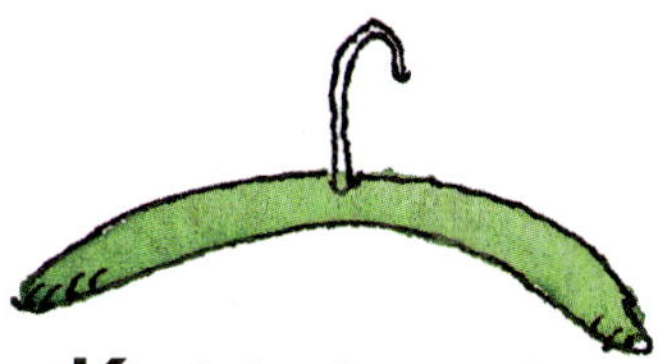

Kleiderbügel

Küßchen Küßchen

Knopf

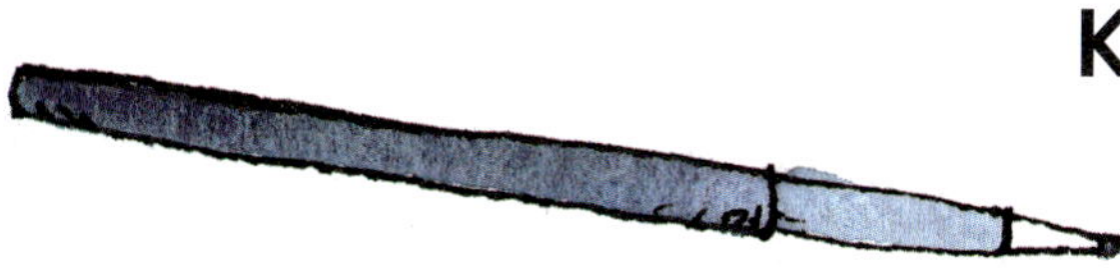

Krächze, Krähe, krächze nur!

Kugelschreiber

K

Koks

Knoten

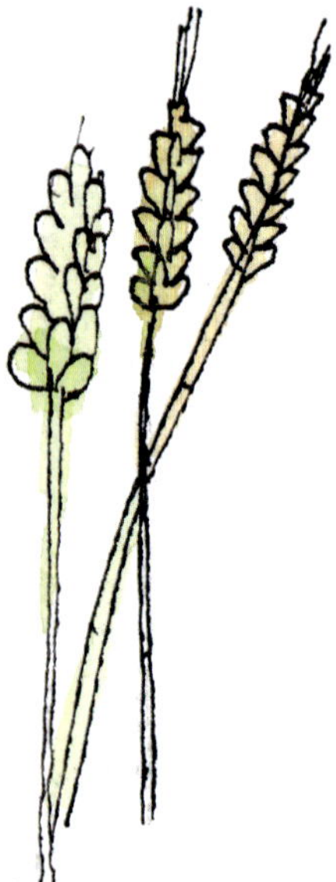
Korn

Kurve

Kurbel

Knallerbse

Kiste

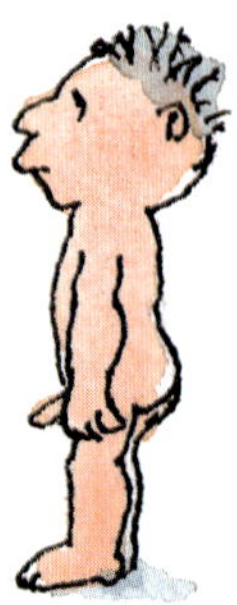
kleines Knäblein

kurze Kette

Kreis

Kinderwagen

Günter
Kastenfrosch

Kreide

Kordel

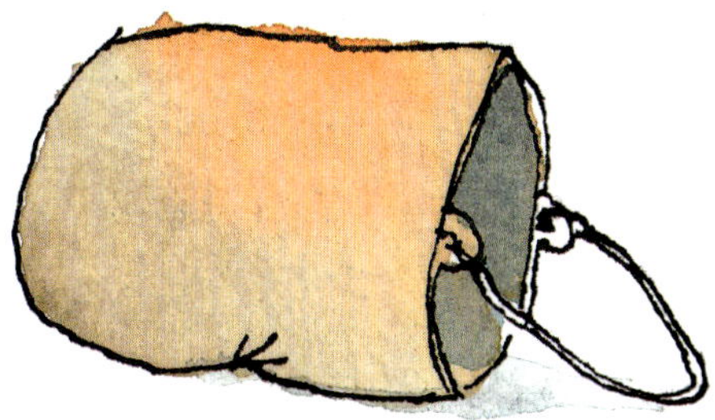

Kübel

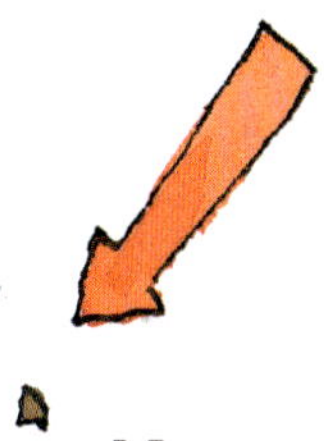

Kind mit
Kopftuch

Kuchen

Krümel

K

Koch

Kochlöffel

Kochtopf

Kalle, kleiner
Kegelkönig

Kürbis

Kröte kocht
Kartoffelsuppe.

L

Leuchte, liebe **L**ampe, leuchte!

Laterne

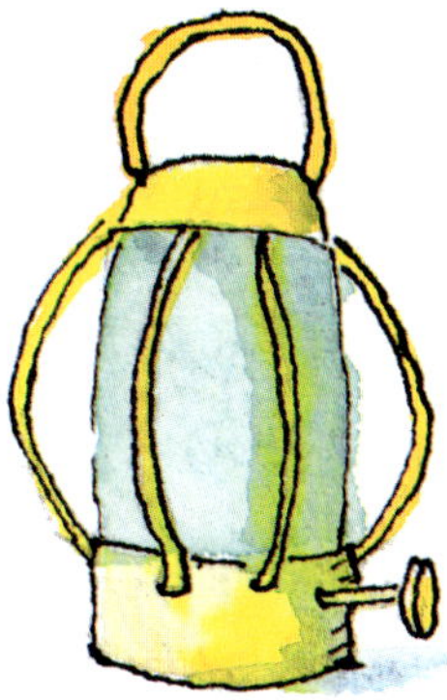

Lastwagen

Latzhose

Lieferwagen

Leiter

L

Leierkastenaffe

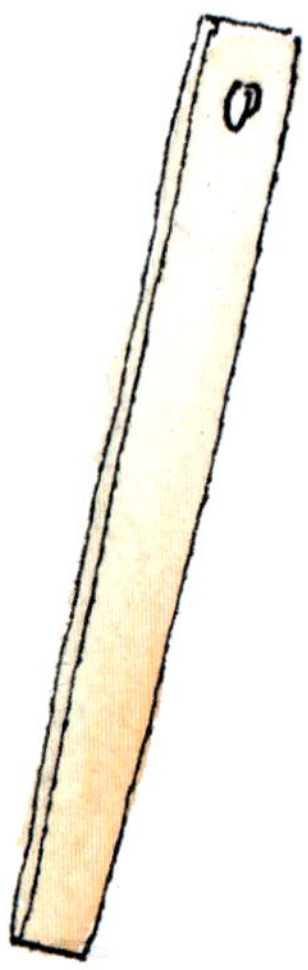

langes
Lineal

Leuchtturm

Ludmillas linker
Lederschuh

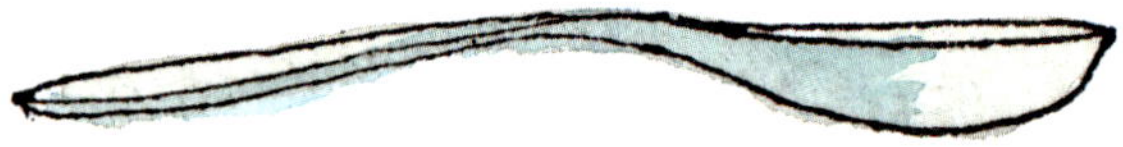

Löffel

L

Lustiger Löwe lacht schon wieder.

Lotsenschiff

leichter
Luftballon

Leopardin im
Leopardenmantel

L

Lokomotive

Lach doch mal mit
Lachfrosch!

Löffelbagger

M

Mann **m**it
Mütze und **M**antel

Makkaroninudeln

Maulwurf

Mädchen **m**it
Maske

meine **M**elone

deine **M**elone

M

Marionette

Maus

Maschine

Messer

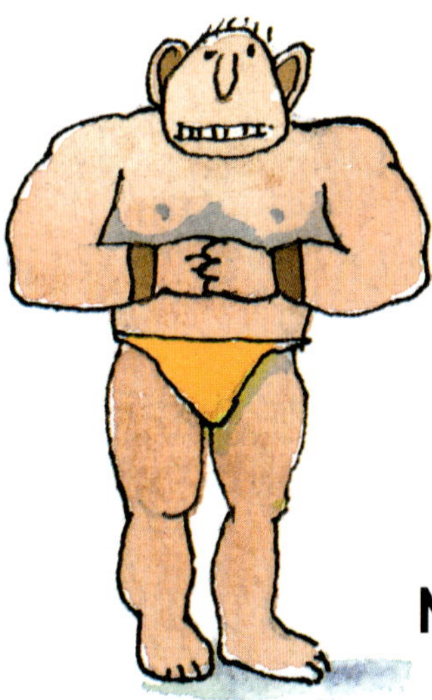

Mücke

Muskelmann

Mumie

Muschel

Motorroller

Mülleimer

Motorrad

M

Müllwagen

Müllmann

Mimi mit Mütze
und Mieze

Münze

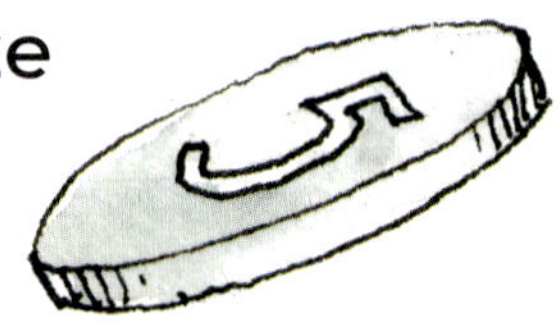

Muttertagsblumen

Mutter ohne
Schraube

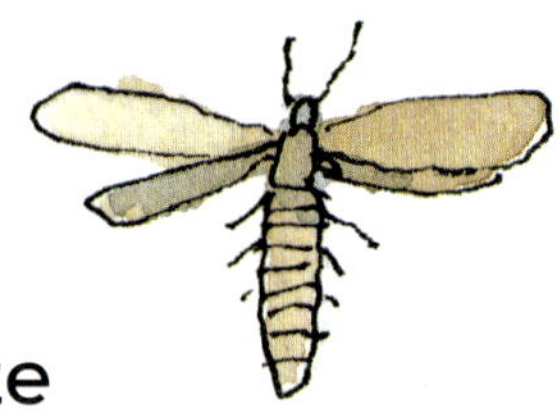

Motte

Mutter

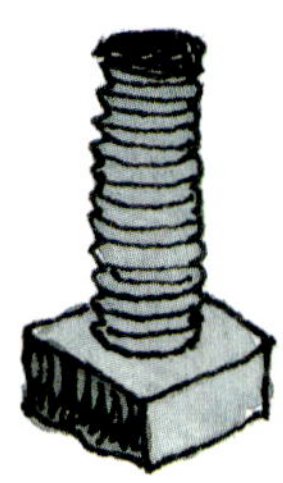

mit Schraube

N

Nacht

Nagel

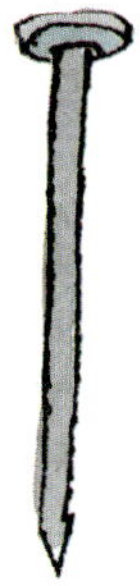

Nadel

Nachthemd

Nasenbär

Nasenente

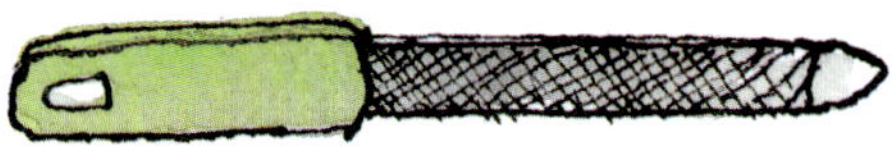

Nagelfeile

Nuß

Nagelbürste

N

19

neunzehn

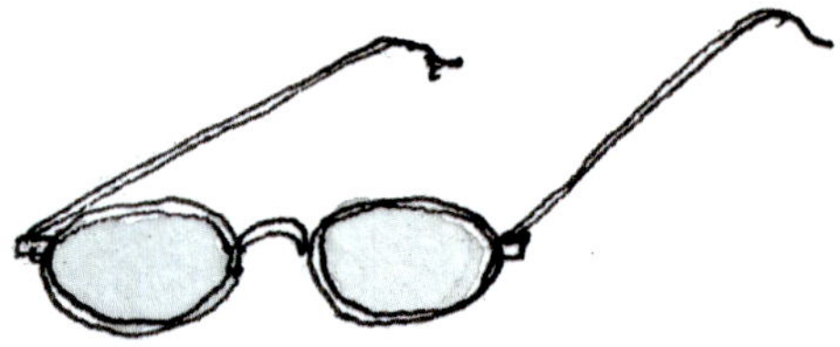

Nickelbrille

Nashorn

Nummernschild

Nikolaus

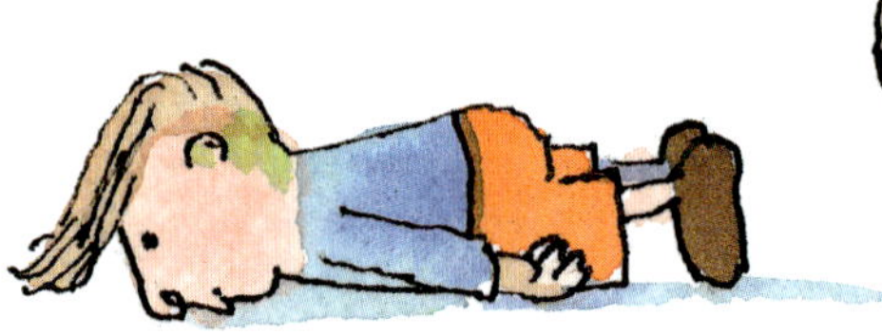

Norbert Nödel liegt auf der Nase.

O

Obstkorb

Ofen

Obst

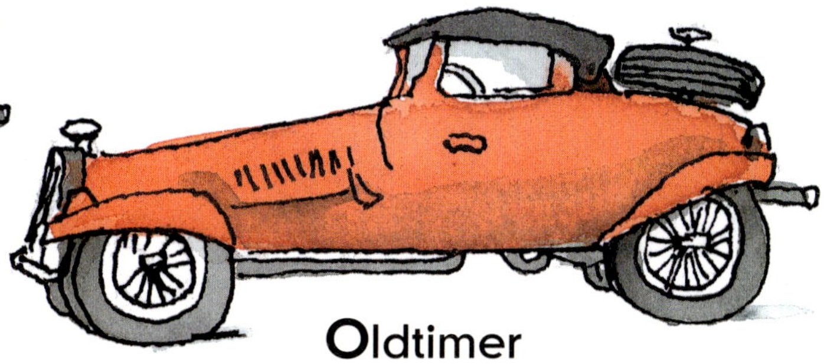

Oldtimer

Orange

Osterhase

Opa Obermeier

Ortsschild

P

Pandabär lehnt
an **P**aket.

Papagei

Pflaume

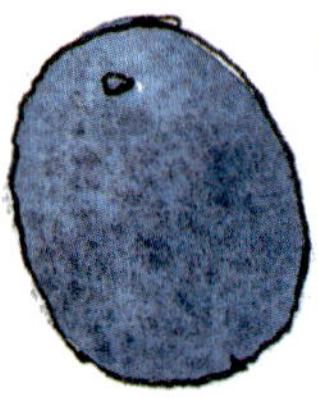

Papas
Pantoffel

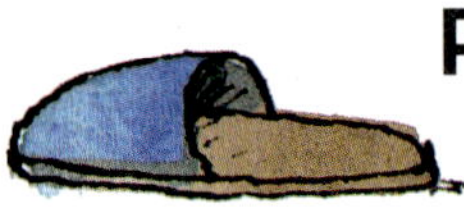

Pfeife

Pfeife

Pinkelhund

P

Pferd

Planierraupe

Pinsel

Pinguin

Pommes frites

P

Pony

Pyramide

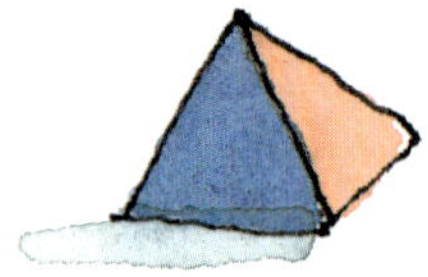

Paketauto

Pakete

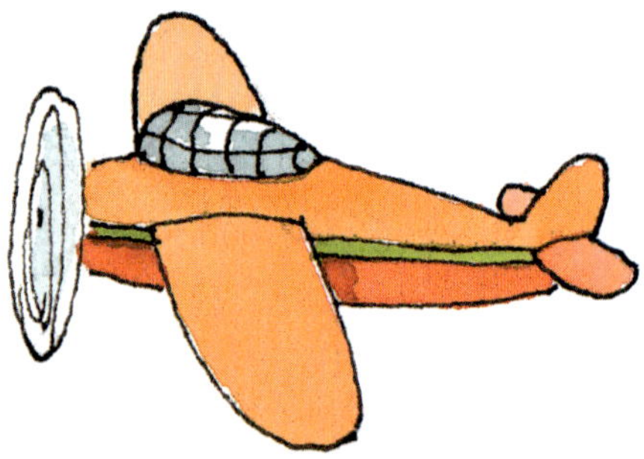

Propellerflugzeug

Pudel mit Pudelmütze

Papa putzt schon wieder.

Qu

Quadrat

Quirl

Qualle

Quelle

Querflöte

Quasselkopf
Quendolin

R

Rabe rettet einen
Regenwurm.

Rad

Radiergummi

Radio

Rakete

Revolver

Räuber Rudi Rüpel

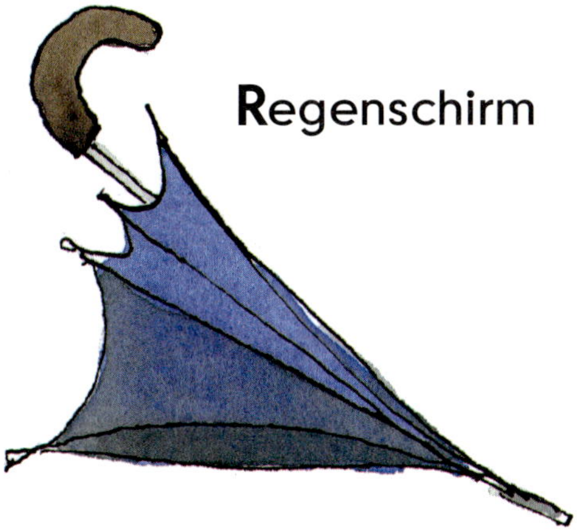

Regenschirm

Rennauto

Rettungsboot

Rollschuhroboter

rechts abbiegen

R

Rauch

Raupenschlepper

Rechen

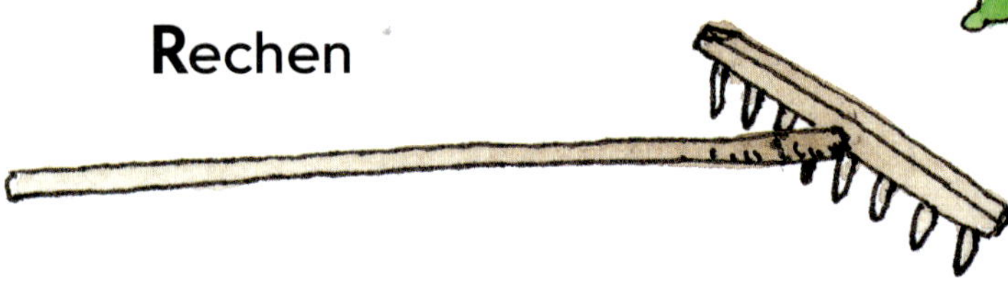

Raupe

Ruderboot

Riese mit **R**iechblume
und **R**ing

R

rote **R**abenperücke

Rotfuchs

Rudis rote **R**übe

Rot an der Ampel

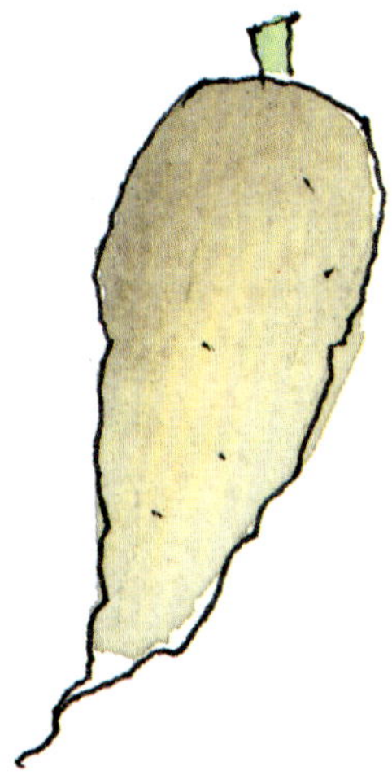

Rot allein

Runkelrübe

S

Säge

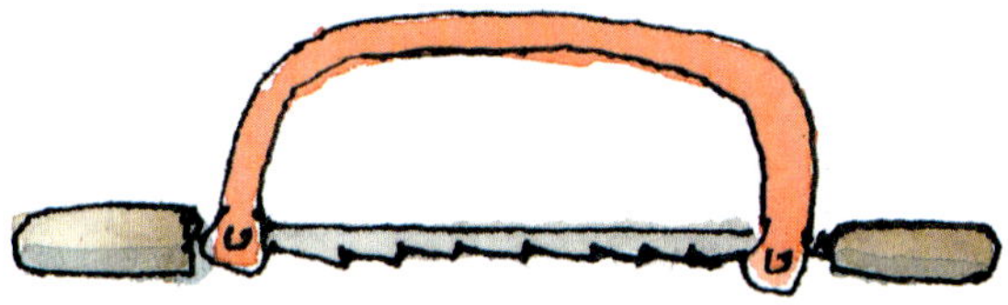

Sack

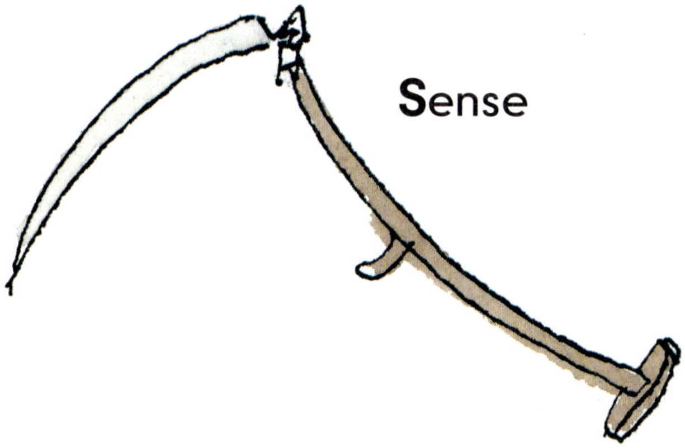

Sense

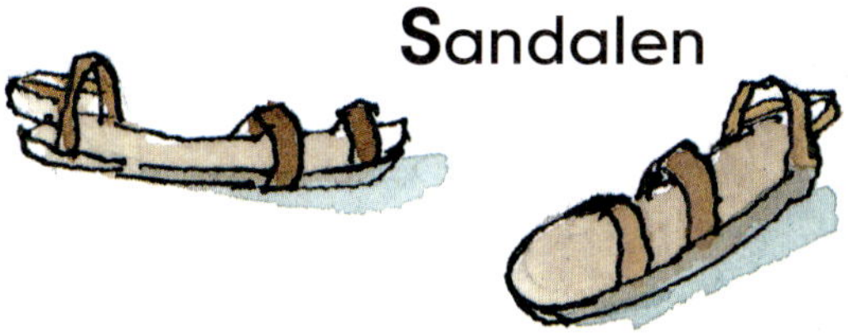

Sandalen

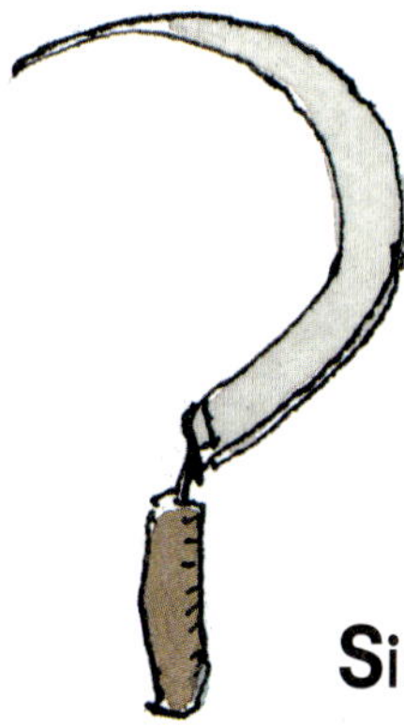

Sichel

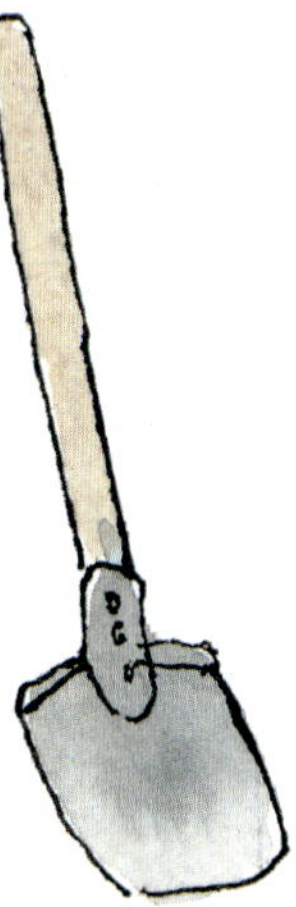

Sänger

Schaufel

S

Die **S**chule brennt.

Stiefel

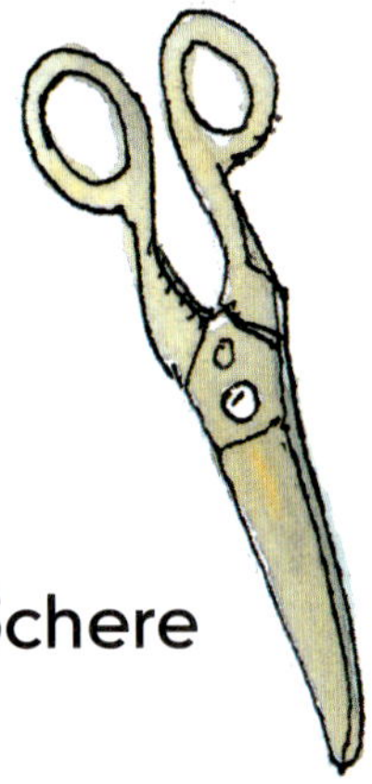

Schere

Schiff

Schneemann

Schneefrau

Schildkröte

schiefgetretener **S**chuh

schwarzes Schaf

schöne
Sonnenbrille

Seeräuber Schwarzer
Stiefel schlürft
süßen Saft.

Strohhalm

Schnurrbart

Schlange

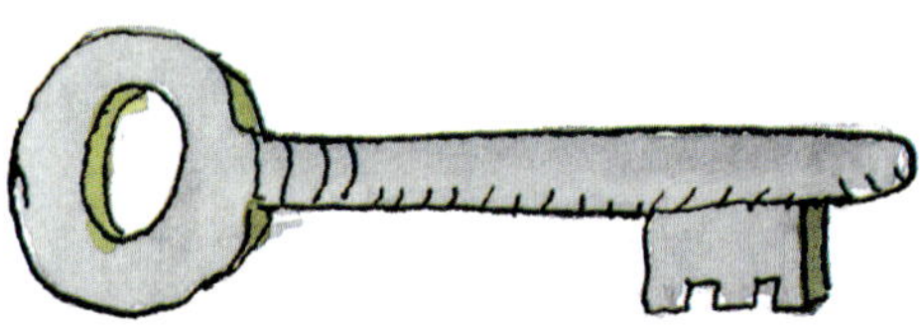

Schlüssel

S

Schürze

Speise

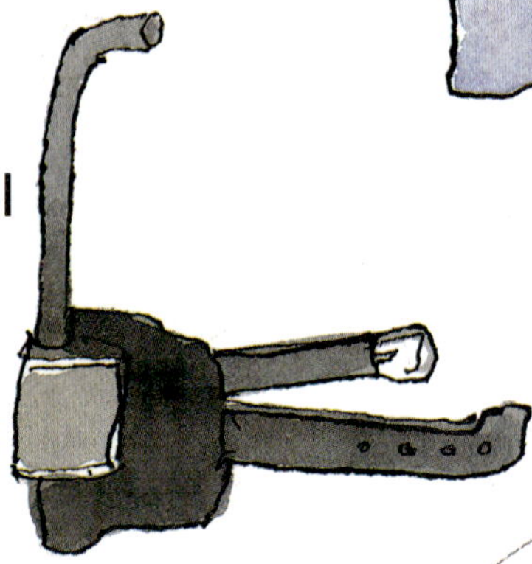

Schnorchel

Schmetterling

Schuß
ins Aus

Schrank

Schnecke

Schwein, du Luder, niemals bist
du mein Bruder!

sieben

Spiegel

Schönheit

Stab

Stiefel mit
Sporn

Sofakissen

Susi **s**itzt auf
dem **S**ofa.

Stern

Strumpf

S

Sportlerin

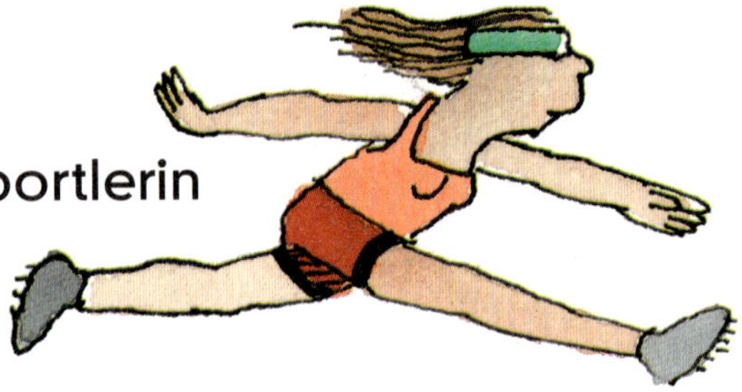

Sohn Stephan
mit Stiefmutter

und Stieleis

Sonnenschirm

Sommer

Sand

Springfisch

Strand

Sonnencreme

Streichholz

Skateboard

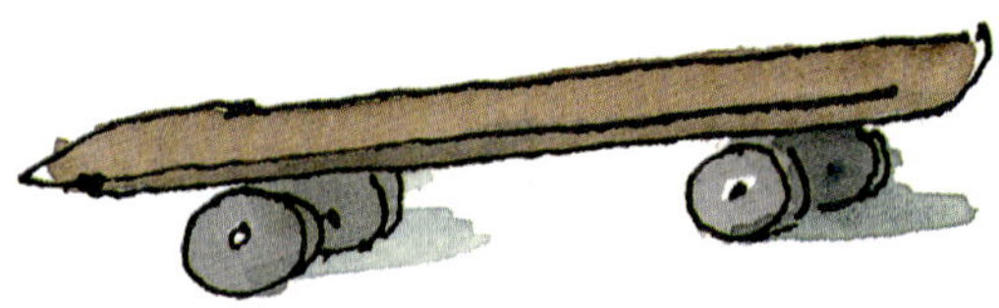

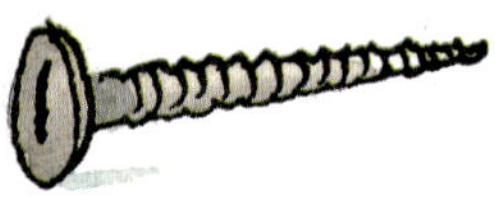

Soldatengrab

Schraube

S

Schubkarren

Spaghettinudeln

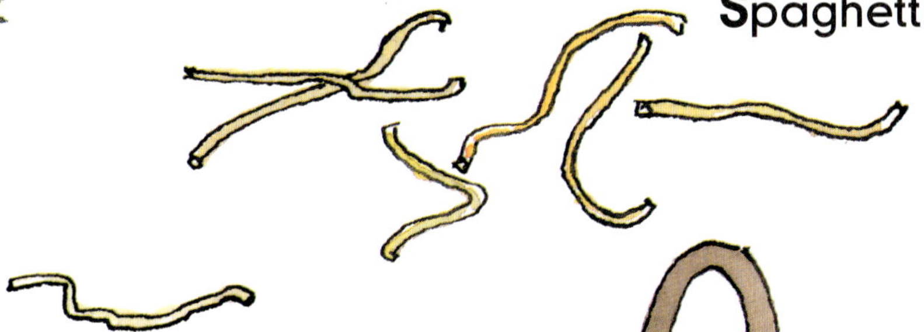

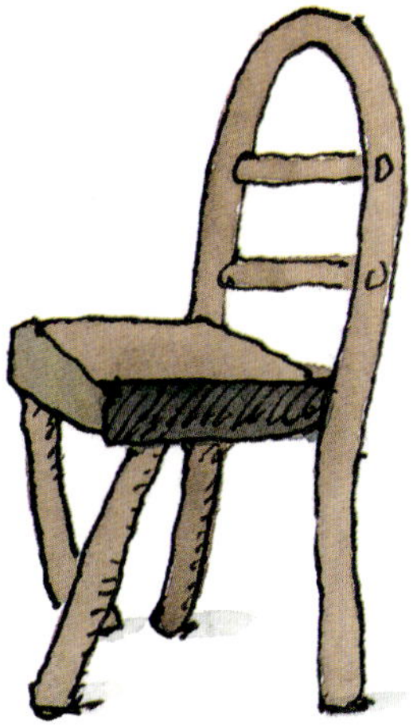

schiefer
Stuhl

Sitzkissen

Stöpsel mit Schnur

Susi sing doch mal!

T

Tante Trudchen trinkt Tee aus der Teetasse.

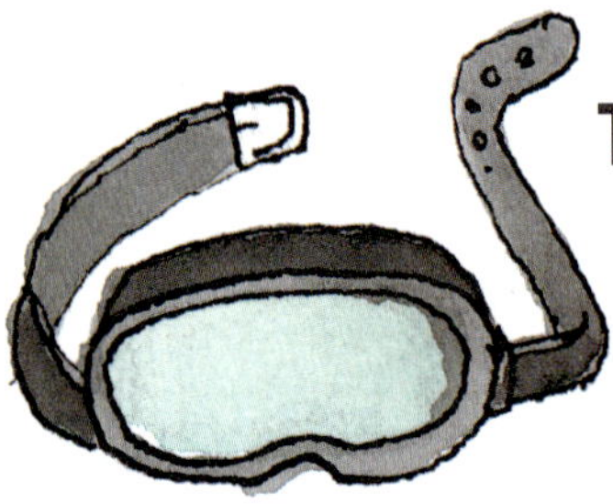

Taucherbrille

Tomaten

Tafel

Telefon

T

Tag und Nacht

Taxi

Tanne

Trudchens Tasche

Trollibär trifft Teddybär.

T

Trauriger Tiger trödelt schon wieder.

kleiner Tiger

tiefer Teller

Tiegel

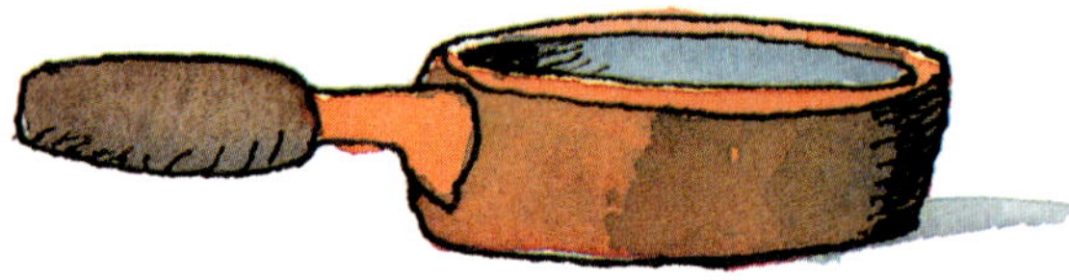

Tüte Erbsen

Tüte Popcorn

Tüte Fliegen

Tennisschläger

Tisch mit Tintenfaß

Tigerente

Topf

Traktor

T

Taschenlampe

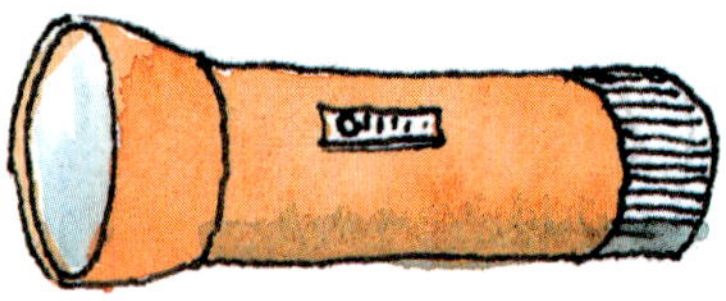

T-Shirt

Traudchen und Tümmel

Tulpe

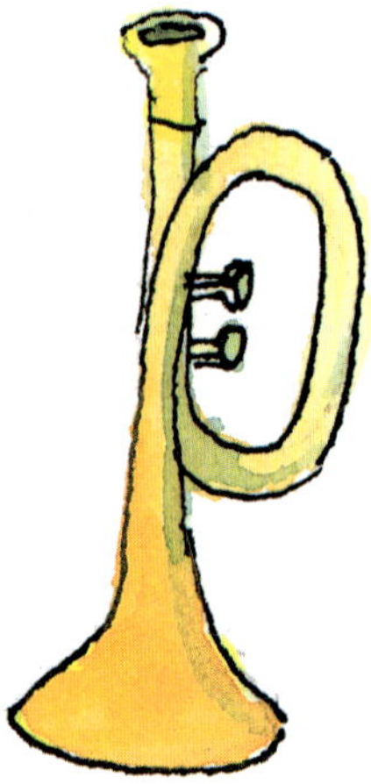

Tölpel

Trompete

Tür

Tunnel

U

Unterseeboot

Uhr

Ufo

Unterhose

Untertasse

Uhu

Ungeheuer

V

Vater fährt mit **V**roni in den Ferien nach **V**erden.

Vogelscheuche

Verkehrszeichen

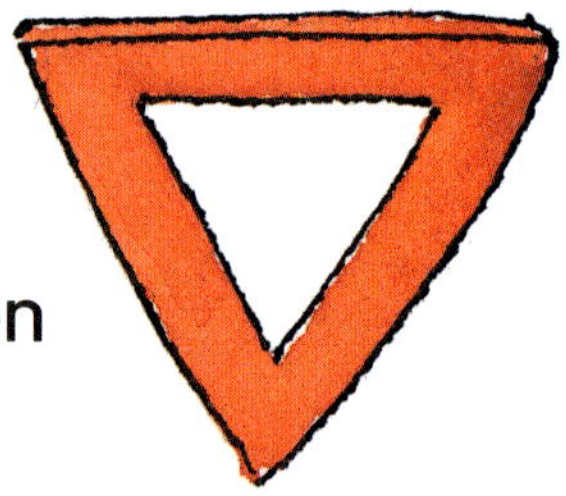

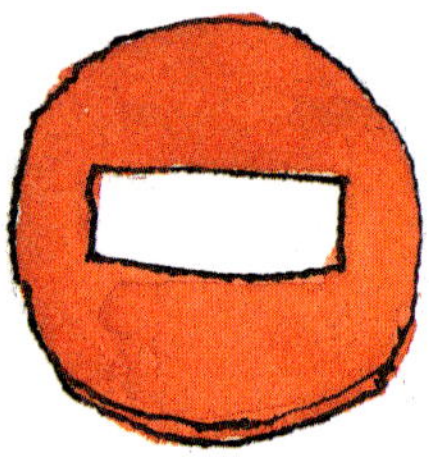

Vogelvater
mit Sohn

vier

W

Waggon

Wasserball

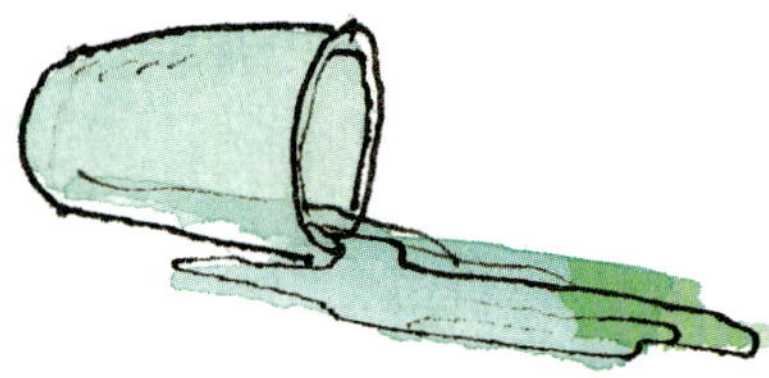

Waschlappen

Wasserglas

Wasserhahn

Wasserwaage

Waschschüssel

Waldemar weiß,
wo Willi wohnt.

W

Waage

Wasserkessel

Weihnachtsbaum

Weihnachtsbär wünscht
Weihnachtsengel guten Flug.

Wecker

Weihnachtsschmuck

warme Winterhose

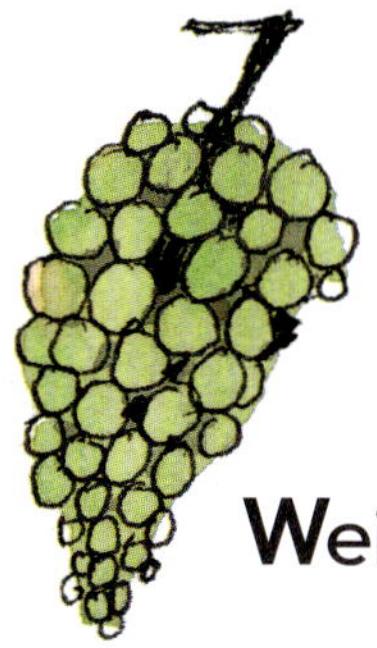

Weintrauben

Wasserskiläufer

W

Wintermütze

Weltkugel

Wanda wird Weltmeisterin.

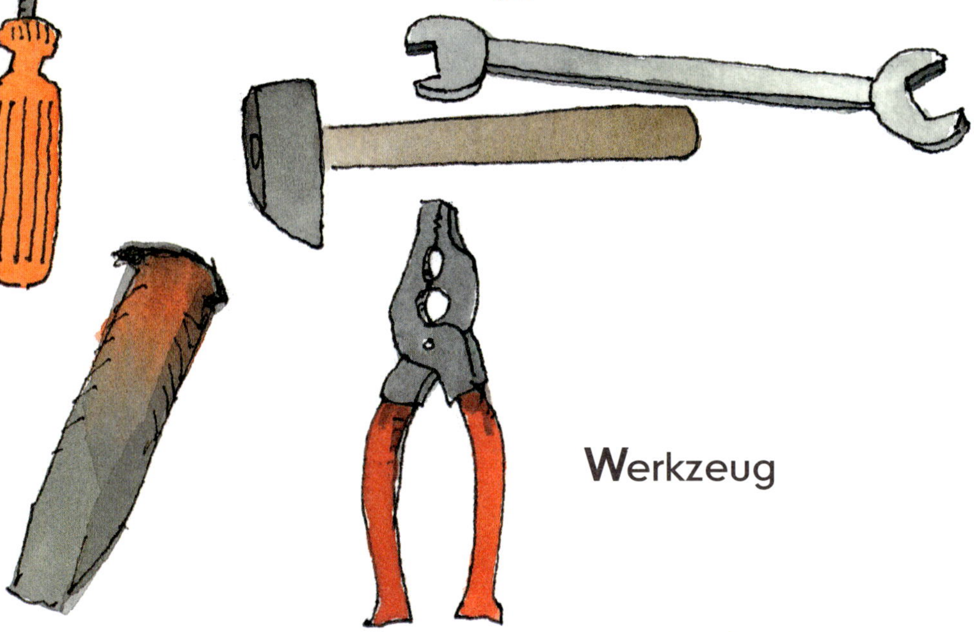

Werkzeug

Wespen

Weiß im Viereck

Wohnwagen
wartet wieder
auf den Winter.

Würfel

Wurst für Waldi

W

Wolken

Wolkenkratzer

Wassertropfen

Wohin gehst du, Walter?

wütender Wolf

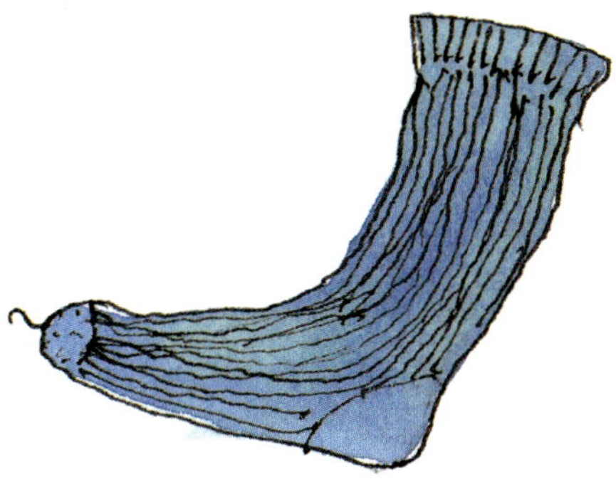

Wollsocken

X

Xaver braucht
X-large.

Xenia heißt **X**enia.

X-Beine

XX-large

Y

Yeti

Yacht

Yak

Yvonne mit
Zahnspange

Zahlen

Zahnbürste

Zahnpasta

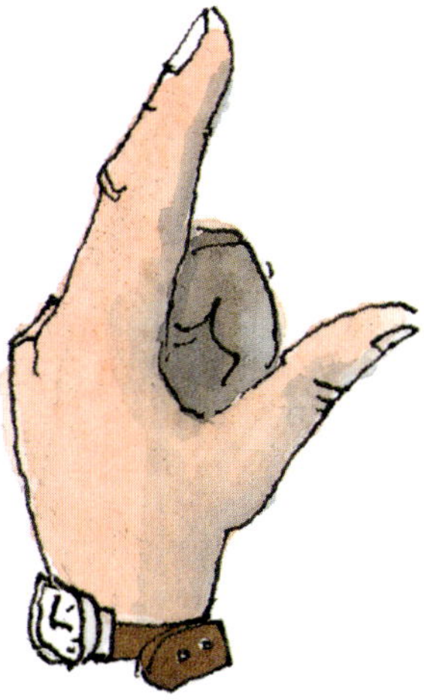

Zeigefinger

zehn

Zauberkünstler

Z

Zelt

zugedecktes
Hündchen

Zugvogel

Zeitung

Ziehharmonika

Z

Ziegelstein fallend

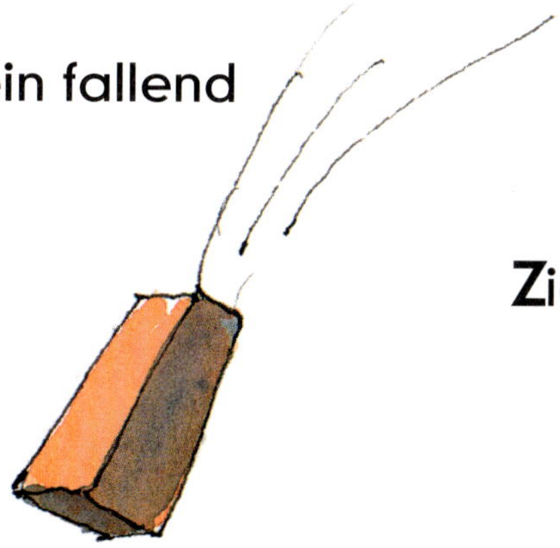

Ziegelstein stehend

Ziegelstein liegend

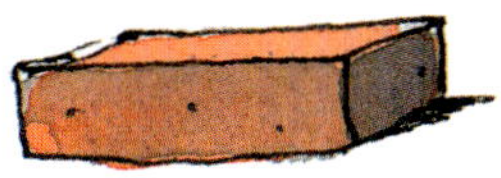

Ziege

zwei Zierknöpfe

Ziegenbock

Z

Ziehfisch

Zierfisch

Ziehhaus

Zollhaus

Z

Zunge

Zirkusdirektor
Zampano
zeigt dem Hund
die **Z**irkuskunst.

Zimmerpflanze

Zündschlüssel

Z

Zitrone

Zwerg

Zugführer

zwei

Z

Zylinder

Zipfelmütze

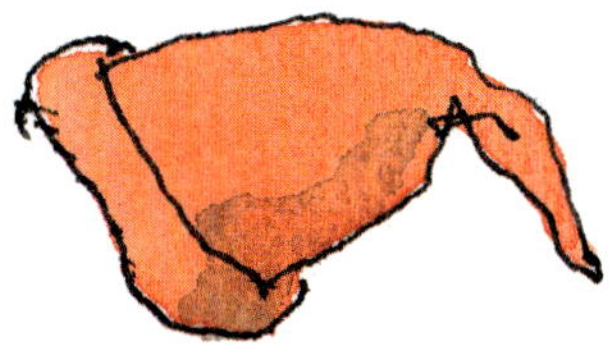

zweiunddreißig

zwei Zeiger

Zopfmann Zacharias
Zwiebel

Zwiebel

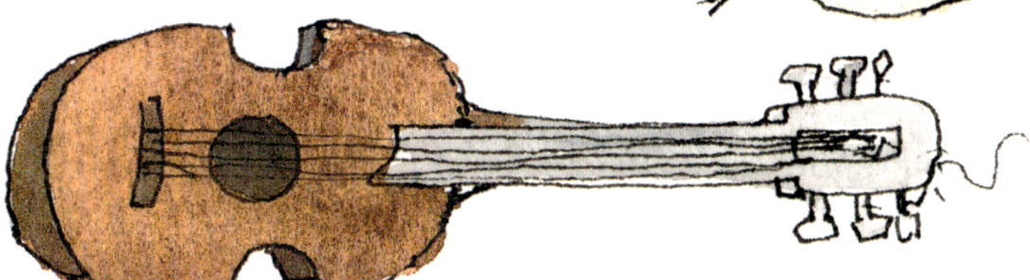

Zupfgeige

Zaunkönig

Ende

Der **Z**eisig singt im **Z**irbelbaum, er ist so klein, man sieht ihn kaum.